Grafologia
e Competências

A meu pai Henrique (in memoriam)
que sempre, e de forma incansável,
me mostrou o caminho,
e a quem eu devo tudo o que sou.

A minha filha Paola,
como exemplo de realização,
e a quem desejo que minha história
seja uma fonte de inspiração,
coragem e determinação.

LUCIANA BOSCHI

Identificando talentos através da escrita
Grafologia
e Competências

semente editorial

2ª edição/ Rio de Janeiro
outono/2015

© 2011 by Luciana Boschi

2ª edição junho 2015
Direitos desta edição reservados à
SEMENTE EDITORIAL LTDA

Av. José Maria Gonçalves, 38 – Patrimônio da Penha
29.590-000 Divino de São Lourenço-ES
Tel.: (28) 3551-1912

Rua Soriano de Souza, 55 casa 1 – Tijuca
20.511-180 Rio de Janeiro/RJ
(21) 982078535

lara.sementeeditorial@gmail.com
www.sementeeditorial.com.br

Revisão: Mirian Cavalcanti
Projeto gráfico e Diagramação: Lara Kouzmin-Korovaeff
Capa: Lara Kouzmin-Korovaeff

B752g

    Boschi, Luciana
    Grafologia e competências: identificando talentos atavés da escrita / Luciana Boschi. - 1.ed. - Rio de Janeiro : Semente, 2011.
    112p.

    Inclui bibliogarfia

    ISBN 978-85-63546-01-2

    1. Grafologia. 2. Pessoal - Avaliação. 3. Recursos humanos. I. Título.

11-0615   CDD: 155.282
                                                        CDU: 159.925.6

APRESENTAÇÃO

Acabamos de receber um presente!

Temos em nossas mãos um livro que certamente é um instrumento de grande valia para qualquer profissional que, no dia a dia, age como verdadeiro "decifrador" de enigmas que compõem a personalidade humana.

A autora reuniu estudos teóricos, pesquisas, observações e práticas de quem sabe o que faz, pois se debruçar diariamente em ánalises grafológicas é a arte preferida de Luciana Boschi. Ainda bem, já que todo Gestor de Pessoas engajado na sua missão de detectar, reter e desenvolver talentos tem a "bendita" necessidade de buscar constantemente instrumentos que possa utilizar em favor de suas análises.

Nesse sentido, a Grafologia tem contribuído significativamente para que possamos realizar uma "fotografia" mais aproximada do perfil profissional de cada indivíduo. Com esta nova abordagem, aliando traços grafológicos com as competências, Luciana deu uma espécie de *zoom* nessa fotografia!

Acredito que, de posse de tal fonte de conhecimentos, o papel do Gestor de Pesssoas não ficará resumido à tarefa de "caçar talentos", mas objetivará algo ainda muito maior, que é a promoção do desenvolvimento das pessoas, por intermédio do conhecimento das suas competências. Seus *gaps* poderão ser revelados com o intuito de aprimorá-los, desenvolvê-los e contribuir para a formação do cidadão comprometido com a organização da qual faz parte.

Obrigada por nos permitir compartilhar com você toda a nossa experiência. Valeu por seu empenho, dedicação e, principalmente, por sua inconformidade! É disso que precisamos! Continue assim.

Ana Beatriz Freitas de Figueiredo
Diretora da Serth Assessoria e Gestão em Recursos Humanos

PALAVRAS DA AUTORA

A decisão de escrever este livro surgiu há alguns anos, quando a Grafologia começou a se firmar como ferramenta prática e objetiva no mapeamento de perfil e na avaliação de potencial para o diagnóstico organizacional.

Com a frequente aplicação do método, os avaliadores sentiram necessidade de um guia que lhes fornecesse o mecanismo inverso, ou seja, buscar objetivamente na escrita traços que sinalizassem a presença ou não de alguma característica de comportamento necessária ao exercício de determinada atividade.

Incentivada por parceiros profissionais e, principalmente, por alunos que utilizam a Grafologia como instrumento de apoio para a investigação de habilidades e talentos, comecei a organizar os dados e a sintetizá-los de maneira que esta obra pudesse ser transformada em um manual de consulta, um verdadeiro livro de cabeceira.

A ideia de relacionar as competências aos traços gráficos demandou, ao longo de cinco anos, uma extensa pesquisa, junto às empresas-cliente, para identificar as habilidades e talentos mais relevantes para uma melhor *performance* de cada profissional em seu posto, e para o alcance dos resultados organizacionais.

Parti, então, para a segunda etapa do trabalho, onde em meio a mais de mil grafismos, precisava identificar aquele que pudesse, numa mesma redação, resumir para o leitor toda a ideia abordada.

Assim, procurei trazer aqui os exemplos que melhor ilustram cada competência — mas certamente existem muitos outros grafismos que igualmente atenderiam bem ao propósito desejado.

O assunto Grafologia é muito extenso e não tenho a pretensão de aqui esgotá-lo. Entendo que este livro seja apenas a base de um estudo mais aprofundado da personalidade humana, devendo todo interessado no tema buscar ampliar seus conhecimentos através de novas bibliografias.

Com a certeza de estar contribuindo para o crescimento da Grafologia no Brasil e para a ampliação de sua área de atuação nas empresas, o resultado está traduzido em mais de 120 competências, aquelas consideradas mais importantes numa avaliação de potencial e para o sucesso do profissional na organização.

Luciana Boschi

PREFÁCIO

Ao longo do tempo, equivocados critérios de seleção e gestão foram usados no processo de administração de Recursos Humanos das empresas.

No campo do recrutamento e seleção, não foram raras as vezes em que critérios subjetivos, personalistas ou territoriais, por mais bizarros que fossem — raça, origem social, aparência física e até mesmo preferências futebolísticas ou confissão religiosa — fossem utilizados como parâmetros.

Da mesma forma, podemos listar favor e pavor — continuamos na esfera do bizarro — como os dois principais sistemas de gestão. Após a entrada do novo funcionário (trabalhador, empregado, colaborador, dê-se o nome que melhor aprouver), as preferências dos hierarquicamente superiores continuavam a matrizar sua conduta. Isso na melhor das hipóteses. Na outra, o critério de condução da relação trabalhista baseava-se na necessidade de manutenção do vínculo, por parte do subordinado, e no poder da espada eminente em sua cabeça, por parte de seu superior. Simples assim.

A democratização que o avanço tecnológico e as novas relações de mercado proporcionaram no universo trabalhista não admite mais amadorismo na gestão de pessoas — sabidamente o maior ativo de qualquer organização, nessas eras de capital intelectual — desde seu processo de recrutamento e seleção. Não mais a gestão pelo pavor ou pelo favor, mas agora a gestão pelo valor. A era do capital intelectual é também a era da meritocracia.

Nesta obra, Luciana Boschi nos brinda, mais do que com um guia de valor inquestionável para utilização em seleção e gestão de talentos humanos, com um verdadeiro farol, que tem como grande fonte emissora de luz a Grafologia, e que há, doravante, de orientar os profissionais de gestão humana.

Se podemos mencionar alguma obra como a bíblia de determinado tema, a que trata sobre a identificação de talentos através da Grafologia já foi editada. E encontra-se, nesse momento, em suas mãos.

Boa leitura e bom proveito de seus ensinamentos!

Ton Neumann
Diretor da Modus Vivendi

SUMÁRIO

Introdução 15

Capítulo 1 Grafologia — A chave para a personalidade... 17

    1.1 As mudanças da escrita 19
    1.2 A idade na escrita 20
    1.3 O gênero sexual na escrita 22
    1.4 Alguns campos de aplicação da Grafologia ... 22
    1.5 A questão da escolha do tema em processos seletivos 23

Capítulo 2 Definindo competências 25

    2.1 Aprendizagem X desempenho 25
    2.2 As competências e suas resultantes 29

Capítulo 3 As competências e suas escritas 33

Capítulo 4 Competências positivas 37

Capítulo 5 Competências negativas 87

Capítulo 6 Mapeando as competências 101

Capítulo 7 Considerações Finais 107

Agradecimentos 109

Bibliografia 111

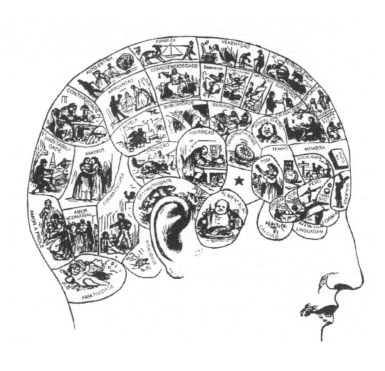

INTRODUÇÃO

A avaliação de potencial é considerada um dos mais delicados processos na gestão de pessoas. Um dos obstáculos tem sido a utilização de ferramentas muito complexas, de difícil aplicação e de uso quase exclusivo de especialistas. Com enfoque excessivamente psicológico, os gestores praticamente não tinham acesso direto aos resultados.

A expansão da Grafologia como ferramenta de aferição de potencial facilitou em muito o trabalho dos avaliadores. De fácil aplicação, o método permite identificar características de personalidade e caráter, possibilitando um completo mapeamento do perfil a ser analisado.

A Grafologia é uma técnica de observação e interpretação que possibilita o estudo do sujeito pela análise de sua grafia.

O ato de escrever é um mecanismo inconsciente e pode ser estudado sob três perspectivas:

- **PROJETIVA**, pois projeta a personalidade a partir de certas convenções, como margens, acentos e parágrafos;
- **EXPRESSIVA**, porque é um gesto de expressão da psicomotricidade;
- **REPRESENTATIVA**, porque as formas da escrita representam uma escolha, mostram de maneira inconsciente a impressão que o escritor deseja passar a quem o lê.

Freud, em sua teoria psicanalítica, ressaltou a influência do inconsciente na vida cotidiana de cada indivíduo. E Carl Jung, seu discípulo, também relacionou a psique à conduta do sujeito e ao seu modo de ver e entender o mundo que o rodeia.

O ato de escrever é inconsciente e responde aos impulsos cerebrais; quem escreve é o cérebro, e a escrita é influenciada por todos os tipos de impulsos nervosos. Cada pessoa tem seu *estilo* de comportamento e, diante de uma mesma tarefa, cada um irá organizar a situação a seu modo.

A forma particular que um indivíduo dá a uma determinada letra do alfabeto normalmente tem origem em diversos fatores físicos e emocionais. Quando escrevemos, produzimos sinais gráficos como símbolos que correspondem ao nosso verdadeiro caráter e modo de pensar.

Por isso, torna-se impossível disfarçar a própria letra ou copiar a letra de outra pessoa. Nesse sentido, pode-se dizer que não existem duas escritas iguais porque não existem duas pessoas iguais.

O exame grafológico busca identificar os traços que diferenciam uma pessoa da outra. Mapear o perfil de uma pessoa significa saber como ela é e ter um razoável prognóstico de suas formas de agir, pensar e sentir, visando aliar ao local de trabalho o alcance de resultados originados do fato de cada um poder colocar em prática seus talentos e qualidades de forma mais eficaz.

Portanto, como a escrita está profundamente ligada aos fatores que determinam nosso comportamento, sua análise nos permitirá identificar os tipos de relacionamentos e sua flexibilidade, potencial intelectual e habilidades criadoras, níveis de liderança, capacidade de argumentação e negociação, comunicação, abertura a mudanças e facilidade para aquisição de novas competências, organização e visão de curto, médio e longo prazos, e aptidões diversas.

Capítulo 1

GRAFOLOGIA – A CHAVE PARA A PERSONALIDADE

Você já parou para pensar que não consegue escrever e conversar ao mesmo tempo? Isso se deve ao fato de que, para escrever, é preciso raciocinar, entender e ver o que se escreve — afinal cada letra ou palavra é produto do pensamento, de um ato pensado e inteligente. Trata-se de um processo escritural e que exige concentração.

As letras e traços que utilizamos para escrever um texto, porém, não são uma criação voluntária nem individual. Dizem respeito a um conjunto de símbolos — ao escrevermos, estamos reproduzindo sinais que nos foram ensinados. Quando fomos alfabetizados, lá no jardim de infância, aprendemos aquela escrita "caligráfica" do professor primário.

Mas, à medida que crescemos, amadurecemos e evoluímos, nossa escrita também se transforma e evolui. Vamos nos individualizando e personalizando, e com a escrita não é diferente. Essa também adquire formas próprias e se particulariza.

E isso é simples de se observar. Reúna um grupo de crianças e peça-lhes que escrevam algumas linhas. Você vai observar, naturalmente, determinados tremores. Mas, mesmo sendo comuns tais traços tremidos e vacilantes — afinal elas ainda não têm o controle da motricidade fina e, por isso, têm dificuldade na sustentação da caneta — pode-se comprovar que cada uma delas, ao longo da aprendizagem da escrita, já começa a imprimir seus traços próprios, ou seja, determinadas modificações pessoais que permitirão ao professor reconhecer facilmente cada aluno pela letra.

Tais modificações do modelo original e caligráfico são verdadeiros gestos inconscientes e vão refletir a personalidade de quem escreve. Cada traço diferente que aparece num texto vai revelar sinais daquela personalidade. E são esses sinais individuais que vão diferenciar entre si todas as pessoas do planeta. Assim como não existem duas impressões digitais iguais (cada um tem a sua), também não existem duas grafias iguais.

Experimente: peça a um grupo de cinco ou seis pessoas que você conhece para escreverem um pequeno texto de três linhas num pedaço de papel, sem assinar. Você será capaz de identificar cada uma delas? Sim, será, porque não existem duas grafias iguais — cada pessoa traz em sua escrita indicadores de um conjunto de atitudes, habilidades e comportamentos.

A caligrafia é a escrita da mente; a mão apenas segura a pena e obedece ao comando do cérebro. Quando começamos um texto, estamos sendo comandados pelo nosso consciente — e, por isso, existe uma preocupação maior com a arrumação e apresentação do escrito no papel.

À medida que vamos nos envolvendo com o texto, o consciente tende a ir relaxando e começamos, então, a ser comandados pelo inconsciente. Por consequência, todos os nossos flutuantes estados de espírito são inconscientemente impressos na escrita, revelando nossas características mais particulares — aquelas que vão nos diferenciar das outras pessoas.

Nesse sentido, torna-se possível verificar uma infinidade de características através da escrita. Por ela, podemos observar a capacidade laboral, ou seja, a maneira como ela trabalha: sinais de inteligência e originalidade de ideias; se a pessoa tem planejamento e organização em suas tarefas; se tem boa memória ou não. Indícios de perseverança e ambição também são visíveis.

É sabido que todo indivíduo tem suas preferências de estilo. Algumas pessoas são convencionais por natureza, daí sua escrita manter-se fiel ao modelo caligráfico. Outras se distanciam do convencionalismo e agem de acordo com seus desejos — nesse caso, sua caligrafia vai refletir esses impulsos e apresentará maior quantidade de traços originais. Tais traços originais podem referir-se a pessoas com maior nível de criatividade. Nas questões sociais, é possível analisar a maneira como ela se relaciona com os que estão à sua volta: se respeita o espaço alheio ou não. Podemos observar quando a pessoa é intuitiva; se é realista ou sonhadora; se busca os relacionamentos ou se se afasta dos demais; se é confiante ou desconfiada etc.

Pessoas mais expansivas tendem a ter gestos mais largos e espírito mais aberto — provavelmente sua letra será de dimensão grande, ao passo que letras de dimensão pequena podem estar revelando uma personalidade mais reservada e cautelosa. Indivíduos organizados geralmente têm a redação clara, ordenada e o texto bem enquadrado, respeitando as margens do papel.

Curvas e ângulos também são indicadores de comportamentos particulares. Indivíduos mais dóceis, gentis e sociáveis tendem a uma escrita com mais curvas, ou seja, traços mais redondos, enquanto os ângulos (pontas) vão sinalizar indivíduos com maior vontade própria, energia, coragem e firmeza.

A assinatura tem um papel conclusivo na composição do perfil analisado, pois é ela quem vai legitimar, ou não, o que foi dito acima. O texto em si refere-se ao comportamento social da pessoa, enquanto a assinatura trata do comportamento íntimo. Dessa forma, deve-se observar se há harmonia na relação texto / assinatura. Tal análise tornar-se-á decisiva para o resultado final de um parecer grafológico.

Assim, compreende-se que o estudo grafológico pode nos oferecer muitas informações sobre aquele que escreve. Além dos traços de personalidade e caráter, podemos identificar suas habilidades e competências necessárias às atividades a serem realizadas.

1.1- AS MUDANÇAS DA ESCRITA

Muitas pessoas se perguntam por que a letra muda tanto. A letra não muda, quem muda somos nós.

O que acontece é que a alfabetização se dá a partir do modelo caligráfico, padronizado.

À medida que vamos nos desenvolvendo e personalizando, a escrita também vai se individualizando. Ao longo da vida, passamos por perdas e ganhos, por sucessos e fracassos, e tais mudanças vão se refletindo na escrita.

1.2 - A IDADE NA ESCRITA

Os processos de transformação e amadurecimento dão-se nos primeiros anos de vida. Ao longo desse período, vão se desenvolvendo os aspectos de caráter e personalidade, até chegar a adolescência e, então, o mundo adulto.

Na infância, a escrita é malformada e pouco organizada. Desde os rabiscos até os primeiros exercícios escolares, a criança exprime-se inteiramente nos seus desenhos e grafismos. Normalmente, entre os 5 e 6 anos, quando a motricidade se harmoniza, a criança pode formar letras. Entre os 10 e 12 anos, tende a ajustar a forma de sua escrita, alcançando a madureza gráfica por volta dos 15 anos.

Naturalmente que as escritas obedecem a regras diferentes e individuais, porém, sendo o panorama humano o mesmo, é possível se ter uma noção da "idade grafomotora" e buscar explicações pertinentes sobre causas de atrasos e perturbações do grafismo infantil.

Já na adolescência, a escrita está mais alerta, com sinais de desabrochamento e intumescimentos característicos da expansão da sensualidade. Na fase adulta, a forma já está mais regular e mais firme. Já a partir de 50 anos, a escrita poderá apresentar sinais de fadiga, e por volta dos 65 anos o traço poderá estar mais trêmulo.

Apesar de tudo isso, porém, não devemos classificar a idade da pessoa apenas por sua escrita, uma vez que essa pode conter distorções que não são fruto da idade. A idade observada na escrita é a psicológica e não a cronológica.

- **A ESCRITA INFANTIL**

Na infância, o traço se modifica muito e a grafologia pode dar uma grande contribuição ao estudo do desenvolvimento infantil. Desde os rabiscos até os primeiros exercícios escolares, a criança exprime-se inteiramente nos seus desenhos e grafismos. Abaixo, a escrita de um menino de 9 anos.

- **A ESCRITA DO ADOLESCENTE**

O adolescente já começa a apresentar algumas variações do padrão infantil, distanciando-se do modelo adquirido ao ser alfabetizado. Nesse período, começam a despontar traços de sua personalidade, que ainda não está definida, mas já evoluiu da fase infantil. Abaixo, a escrita de uma adolescente de 14 anos.

1.3 – O GÊNERO SEXUAL NA ESCRITA

Não existem sinais absolutos que permitam distinguir o gênero na escrita. A escrita do homem normalmente guarda traços característicos de masculinidade e se distingue da escrita da mulher, que, evidentemente, mantém caracteres mais femininos.

É possível, no entanto, encontrarmos escritas masculinas que se parecem com as femininas e vice-versa. Também é possível encontrarmos escritas femininas que carecem de caracteres distintivos correntes no gênero, podendo se confundir com as masculinas.

Por sua natureza, o homem domina a força, a energia, a vontade, o espírito agressivo, a imaginação. Na mulher, aparecem a coqueteria, a suscetibilidade, a ligeireza, a versatilidade. A própria sociedade estabelece padrões de comportamento onde determinadas atitudes são esperadas na mulher, e outras no homem. Assim acontece também com as escritas. Se todos, homens e mulheres, tiverem as condições próprias de seu sexo, suas escritas se distinguirão sempre.

1.4 – ALGUNS CAMPOS DE APLICAÇÃO DA GRAFOLOGIA

Por meio do gesto gráfico, a pessoa exprime vivamente seu psiquismo e isso nos dá informações sobre seu íntimo, capacidades intelectuais, energia vital, caráter, temperamento e personalidade com toda a sua dinâmica.

Pelos múltiplos aspectos que revela, a grafoanálise torna-se um instrumento de grande valia, podendo prestar auxílio nas áreas pessoal, familiar, social, escolar e de trabalho.

Aplicada em larga escala pelos Recursos Humanos das empresas nos Estados Unidos e na Europa, a grafologia vem crescendo e ganhando terreno também no Brasil. Ao sinalizar os traços de caráter e personalidade de uma pessoa, a grafologia torna-se importante aliada no processo seletivo, por aumentar a precisão na percepção do candidato e, assim, minimizar a possibilidade de erro na contratação, diminuindo consequentemente o *turn-over* nas organizações.

Utilizada há décadas pela polícia técnica no campo da criminalística, esse instrumento vem sendo usado também em escolas, em orientação vocacional, profissional e matrimonial, na medicina, em investigações biográficas etc.

1.5 – A QUESTÃO DA ESCOLHA DO TEMA EM PROCESSOS SELETIVOS

Em sua maioria os processos seletivos profissionais costumam se valer do recurso da redação com temas pré-definidos como "Quem sou eu?", "Minha vida profissional", "O que acho de tal profissão" etc.

O que muitas vezes acontece é que o candidato, prevendo que o tema oferecido é, em geral, o mesmo, já vem com o texto pronto na ideia. E basta transcrever para o papel aquilo que já foi elaborado em sua mente. Assim, com o passar do tempo, fui percebendo que as redações tornavam-se mecânicas e automáticas, sem nenhuma criatividade.

Uma redação compõe um universo gráfico. Nele podemos analisar não só os aspectos grafológicos, como também uma infinidade de sinais como o aproveitamento da folha de papel, o espaçamento entre palavras, linhas e assinatura, todos os borrões, correções e erros etc.

Com relação ao texto, pode-se observar o domínio da língua e as habilidades gramaticais, a adequação do texto ao tema escolhido, o desenvolvimento e a coerência das ideias, a concatenação do pensamento e a capacidade de argumentação.

E, além disso, e principalmente, pode-se também analisar o assunto escolhido, pois esse vai nos dar referências sobre o grau de maturidade e criatividade do escrevente. É possível também que o tema traga referências sobre a vida pessoal da pessoa, como uma situação conjugal, o nascimento de um filho, uma viagem, um filme, uma música etc.

Pode-se ainda avaliar o grau de cultura geral do indivíduo, pois muitos candidatos elegem temas da atualidade como eleições, violência, situação socioeconômica do país, guerras, olimpíadas etc.

Todos esses dados não são do estudo da ciência grafológica, mas fazem parte do universo rico de informações sobre o candidato, que nos possibilita fazer uma análise mais completa e abrangente daquele que escreve.

> EU ODEIO REDAÇÃO!
>
> EU ODEIO REDAÇÃO! PODE PARECER ESTRAN
> A A PESSOA QUE VAI LER ESSE TEXTO, ELA
> SE PERGUNTAR: "COMO ELE ODEIA REDAÇ
> E É CANDIDATO A UMA VAGA DE EMPREGO,

Capítulo 2

DEFININDO COMPETÊNCIAS

O conceito de competência leva a uma aplicação comum; mais recentemente, porém, modernizado, passou a ser empregado com maior frequência, inserindo-se no âmbito das organizações, por trazer em si a ideia de *resultado*.

Na definição de David C. McClelland, podemos entender por competências:

> *"Observáveis características individuais — conhecimentos, habilidades, motivações, valores — capazes de predizer / causar efetiva ou superior performance na atuação do sujeito."*

Mais amplamente, pode-se conceituar competência como a aplicação de um ou mais dos requisitos de conhecimentos, experiências, aptidões, habilidades, motivos, interesses etc, com obtenção de resultados práticos.

2.1 - APRENDIZAGEM X DESEMPENHO

Mudar capacidades é basicamente ampliar conhecimentos, habilidades e atitudes. De forma bem sintética, podemos dizer que o conhecimento está relacionado ao **SABER**, as habilidades ao **SABER FAZER** e as atitudes ao **QUERER**. Vamos entender melhor cada uma delas.

- **CONHECIMENTO**

Chamaremos de **CONHECIMENTO** toda informação ou significado que esteja sistematizado ou desenvolvido numa linguagem. Com certeza, grande parte do conhecimento humano está registrado e é passado através desta linguagem que estou utilizando, a verbal.

O domínio da linguagem é a condição *sine qua non* para o acesso às informações e significados. Como é então que alguém se desenvolve ou amplia seu conhecimento?

O processo básico é o de desenvolvimento da linguagem, significantes e significados pela exposição ao próprio conhecimento. Ou seja, ver, ler, ouvir e associar significados. Como eu sei que alguém tem o conhecimento? Pelo mesmo processo de exposição. É necessário que a pessoa exponha o seu conhecimento.

Falar ou escrever sobre um assunto, responder a questões na própria linguagem é demonstração de conhecimento. Para utilizá-lo, entretanto, é preciso também considerar outros fatores:

- **HABILIDADES**

Chama-se HABILIDADE a utilização mental ou física do conhecimento. Quando aplico o conhecimento de uma regra, um princípio, uma teoria numa situação, o conhecimento de como funciona alguma ferramenta ou equipamento, estou demonstrando minha habilidade. Se aprendi uma regra e a pratico em exercícios, estou demonstrando e ao mesmo tempo desenvolvendo minha habilidade.

A habilidade pode ser desenvolvida praticando, sejam exercícios mentais como aplicação de uma teoria, sejam exercícios físicos para desenvolver uma habilidade motora. Ou seja, o processo de desenvolvimento de habilidade é o exercício e sua repetição. Quanto mais praticamos, maior a probabilidade de sermos mais precisos e acertarmos. E maior a probabilidade de obtermos melhores resultados nas demandas que exigem aquela habilidade.

- **ATITUDES**

Denomina-se ATITUDE o posicionamento pessoal relacionado às características individuais de autoimagem, papel social, crenças, traços de personalidade e os comportamentos decorrentes.

Atitudes são demonstradas no comportamento e nas reações diante das situações do dia a dia. Eu demonstro no meu comportamento o que gosto e o que não gosto, pouco ou muito. Em que acredito e em que não acredito, minhas dúvidas e minhas certezas, se valorizo e acho importante ou se julgo indiferente ou sem importância. Uma pessoa pode, afinal, demonstrar seus interesses e estilo de ser.

O processo de desenvolvimento de uma atitude é complexo, mas tem normalmente um ciclo com algumas macroetapas que podem ser identificadas como:

AUTOCONHECIMENTO > DESEJO DE MUDANÇA > EXPERIMENTAÇÃO > REFORÇO

> (O autoconhecimento seguido do desejo de mudança — extinção, ampliação, restrição, substituição ou aquisição de comportamento — que, seguido de experimentação em situação ou oportunidade que possibilite a demonstração, leva, então, ao reforço intrínseco ou extrínseco, positivo, inexistente, ou negativo, que direcione a mudança.)

Assim, desenvolver iniciativa, cooperação, flexibilidade a novas situações, capacidade de inovar e assumir riscos são processos complexos nos quais a ação do fator tempo torna-se imprevisível. Pode ser rápida, demorada ou nunca ocorrer.

Quanto ao conhecimento e às habilidades, existe maior previsibilidade do tempo necessário para que ocorra seu desenvolvimento.

A partir dessa reflexão sobre aprendizagem e desempenho, podemos dizer que:

COMPETÊNCIA É O RESULTANTE DE:
CONHECIMENTO X HABILIDADES X ATITUDES

Em síntese, uma determinada competência é composta de:

- **Conhecimento**; o saber adquirido, o conhecimento técnico, os conceitos e as teorias;
- **Habilidades**; o "saber fazer", ou seja, o saber colocado em prática;
- **Atitudes**; os comportamentos do indivíduo, a forma como age com os outros. As atitudes estão ligadas à personalidade.

Podemos citar como exemplos de competências:

- Decidir com senso de oportunidade;
- Saber negociar em condições tensas;
- Saber administrar conflitos.

* * *

Tomando como exemplo um processo de seleção para vendedores, vamos utilizar a competência **Planejar**, por ser considerada essencial para a função. Temos então que definir as habilidades, os conhecimentos e as atitudes para chegarmos à competência:

- **COMPETÊNCIA PLANEJAR**

HABILIDADES

- Estabelecer metas atingíveis e mensuráveis;
- Estabelecer padrões pessoais (critérios de desempenho);
- Especificar prioridades.

CONHECIMENTOS

- Distinguir entre intenções e metas;
- Identificar os componentes das prioridades (urgência e importância);
- Reconhecer os fatores mais importantes da administração do tempo.

ATITUDES

- Acreditar firmemente nos benefícios do planejamento;
- Comprometer-se com as metas (pessoais e da empresa);
- Aceitar a importância das estratégias individualizadas.

2.2 – AS COMPETÊNCIAS E SUAS RESULTANTES

Desdobrar competências significa que manifestações comportamentais resultam da combinação ou da soma de dois ou mais sinais. Ou seja, quando dois traços de personalidade se encontram, combinam-se, sobretudo no que têm de semelhante, para formar uma resultante de intensidade.

Nas páginas seguintes apresentamos um quadro de manifestações comportamentais de diversas competências e suas resultantes.

COMPETÊNCIAS

QUADRO DAS COMPETÊNCIAS E SUAS RESULTANTES

IMAGINAÇÃO + SENTIMENTO + SENSO ESTÉTICO =
IMAGINAÇÃO + SENTIMENTO + POUCO SENSO ESTÉTICO =
IMAGINAÇÃO + SENTIMENTO + PUDOR =
IMAGINAÇÃO + MOBILIDADE =
IMAGINAÇÃO + MENTIRA + EGOÍSMO =
IMAGINAÇÃO + VIVACIDADE =
IMAGINAÇÃO + VONTADE FRACA =
IMAGINAÇÃO + PRUDÊNCIA =
IMAGINAÇÃO + RESISTÊNCIA =
IMAGINAÇÃO + TIMIDEZ =
IMAGINAÇÃO + SENSIBILIDADE =
IMAGINAÇÃO + AMBIÇÃO =
IMAGINAÇÃO + VIVACIDADE + GRANDE FORÇA =
IMAGINAÇÃO + VIVACIDADE + SUSCETIBILIDADE =
IMAGINAÇÃO + MOLEZA =
IMAGINAÇÃO + DOÇURA + VONTADE FRACA =
VIVACIDADE + SENSIBILIDADE + VONTADE FRACA =
VIVACIDADE + ATIVIDADE =
VIVACIDADE + ATIVIDADE + NERVOSISMO =
VIVACIDADE + NERVOSISMO =
SENSIBILIDADE + ORGULHO =
SENSIBILIDADE + AMBIÇÃO =
SENSIBILIDADE + FIRMEZA =
SENSIBILIDADE + INTELIGÊNCIA =
SENSIBILIDADE + MENTIRA + NERVOSISMO =
SENSIBILIDADE + EGOÍSMO =
INTELIGÊNCIA + ATIVIDADE =
INTELIGÊNCIA + CALMA + CONSTÂNCIA =
INTELIGÊNCIA VIVA + ESPÍRITO CALMO =
INTELIGÊNCIA + SENSIBILIDADE + BONDADE =
INTELIGÊNCIA + SENSIBILIDADE + GRANDEZA DE ESPÍRITO =
INTELIGÊNCIA + VIVACIDADE + BENEVOLÊNCIA =
FALTA DE INTELIGÊNCIA + NATUREZA FRIA =
FALTA DE INTELIGÊNCIA + SENSIBILIDADE FRACA =
CONCENTRAÇÃO + SUSCETIBILIDADE =
ASSIMILAÇÃO + ATIVIDADE + SUPERIORIDADE =
FIRMEZA + TENACIDADE =
FIRMEZA + ARDOR =
FIRMEZA + ARDOR + TENACIDADE =
ARDOR + JOVIALIDADE =

RESULTANTES

- ADMIRAÇÃO PELAS COISAS BELAS
- INCLINAÇÃO PELAS COISAS VULGARES
- ADMIRAÇÃO PELAS COISAS MORAIS
- CAPRICHO
- TENDÊNCIAS DESLEAIS
- ENTUSIASMO
- INDECISÃO
- DESCONFIANÇA
- CORAGEM
- COVARDIA
- INSPIRAÇÃO
- ESPÍRITO EMPREENDEDOR
- VIOLÊNCIA
- VINGANÇA
- CONTEMPLAÇÃO
- ESPÍRITO SONHADOR
- DESPEITO
- ARDOR
- AGITAÇÃO
- IMPACIÊNCIA
- SUSCETIBILIDADE
- DESEJO DE SER APROVADO
- SENSIBILIDADE MODERADA
- BONDADE
- HIPOCRISIA
- CIÚME
- ESPÍRITO ATIVO
- PACIÊNCIA
- PERSEVERANÇA
- TERNURA
- GENEROSIDADE
- CÓLERA MOMENTÂNEA
- DUREZA
- EGOÍSMO
- RANCOR
- CURIOSIDADE
- RESISTÊNCIA
- DECISÃO
- RESOLUÇÃO
- ANIMAÇÃO

Capítulo 3

AS COMPETÊNCIAS E SUAS ESCRITAS

Um princípio fundamental no estudo da escrita de uma pessoa é a regularidade dos seus elementos gráficos. Os movimentos gráficos, como quaisquer outros movimentos nossos, dificilmente se repetem de modo igual.

Quando escrevemos, produzimos sinais gráficos que estão profundamente interligados à nossa personalidade. E qualquer perturbação em nosso comportamento produz alterações na escrita.

Encontrar pequenas variações nos traços é perfeitamente normal, visto que todos nós apresentamos pequenas alterações no comportamento do dia a dia, que podem ser resultado de diversos fatores, como, por exemplo, uma noite mal dormida, fome, cansaço, alguma dor ou desconforto etc.

Existem, porém, pessoas que, apesar das alterações, exercem sobre si um controle para regular seus atos e não deixar que tais perturbações interfiram em sua atividade diária, ou que fiquem perceptíveis a outras pessoas. E somente uma natureza resistente, estável e persistente é capaz de produzir um comportamento regular.

A falta de regularidade pode ser resultado de pouco controle sobre os impulsos, mas, em contrapartida, pode indicar vivacidade, paixão e versatilidade.

O grau de regularidade pode se apresentar de modo mais acentuado em determinadas pessoas e menos em outras. Na escrita, pode ser observado e classificado da seguinte maneira:

3.1 – ESCRITA REGULAR

É aquela em que o escrevente se mantém constante em todo o ambiente gráfico, apresentando poucas ou quase nenhuma variação nos traços. Um texto regular revela estabilidade, firmeza, autocontrole, equilíbrio, disciplina, previsibilidade, ordem, método, concentração, perseverança. Pode-se dizer que são pessoas com foco em processos.

Por outro lado, essa escrita pode revelar intolerância, frieza, preconceito, rigidez, dificuldade de adaptação, inflexibilidade, escassa criatividade, monotonia.

3.2 – ESCRITA IRREGULAR

Ao contrário da anterior, nessa escrita o autor apresenta muitas variações no grafismo, dando a parecer que são várias pessoas escrevendo no mesmo ambiente gráfico. Essas variações, em geral, indicam versatilidade, flexibilidade, criatividade, ousadia, irreverência, vivacidade, sensibilidade, espontaneidade, riqueza de ideias, intuição, dinamismo. Pode-se dizer que essas pessoas têm foco nas ideias.

Em contrapartida, essa escrita pode indicar inconstância, instabilidade, irritabilidade, susceptibilidade, falta de vontade, pouca perseverança, impaciência, indisciplina, imprevisibilidade.

Capítulo 4

COMPETÊNCIAS POSITIVAS*

Dentre tantas características observáveis no comportamento humano nas organizações, elencamos aqui as competências mais valorizadas nos processos seletivos, as mais necessárias ao convívio das equipes de trabalho e suas estações, e aquelas consideradas fundamentais para o exercício eficaz das funções organizacionais.

* * *

- **ABERTURA À MUDANÇA**

Capacidade para aceitar o novo, flexibilidade e ousadia para quebrar paradigmas e jogo de cintura para adaptar-se às novas situações.

Escrita / Aberta, em guirlanda, espaçada, sinuosa, com desigualdades.

---

* *Nota do Editor* / A descrição da escrita de cada competência apresentada faz referências técnicas à tipologia dos grafismos que a caracterizam, como por exemplo: guirlandas, laços, curvas etc. O significado detalhado dessas características gráficas encontra-se no livro *A Personalidade através da Escrita,* da mesma autora.

- **ADAPTAÇÃO (CAPACIDADE DE)**

Capacidade de ajustar-se com facilidade aos diferentes ambientes. Um indivíduo revela boa adaptação quando se apresenta de maneira simples e correta, com uma forma de falar clara, expondo suas ideias com sentido de ordem e cortesia.

Escrita / Clara, ligações em guirlanda, dimensão média, simplificada ou redonda, direção sinuosa, velocidade e inclinação irregulares, combinada, margens regulares.

- **ADMINISTRAÇÃO DE CONFLITOS**

Capacidade para enfrentar e resolver as situações de conflitos com equilíbrio e segurança, analisando as variáveis envolvidas, identificando as causas e buscando meios para a solução. Essa competência é muito solicitada principalmente para cargos de liderança, onde o gestor precisa encontrar soluções satisfatórias para o equilíbrio do grupo e, consequentemente, gerar maior produtividade.

Escrita / Decrescente, finais em linha, ovais fechadas, sinuosa, em guirlanda, arredondada, vertical. Uma pessoa com boa capacidade para administrar conflitos apresenta, de forma geral, regularidades na inclinação, direção, pressão, dimensão etc.

- **ADMINISTRAÇÃO DO TEMPO**

Capacidade para planejar e realizar atividades dentro dos prazos estipulados, sabendo distinguir o importante do urgente e modificando comportamentos e atitudes que geram perdas de tempo.

Escrita / Texto com boa distribuição no papel, com respeito às margens, equilibrado distanciamento entre palavras e linhas e organização geral. Ritmo equilibrado e constante do início ao fim, texto regular e ordenado.

- **AFETIVIDADE**

O afeto sendo mais intenso que o sentimento, é a gradação do ânimo e da nossa energia instintiva, capaz de nos aproximar ou distanciar dos demais. É a qualidade do afeto que vai determinar nosso modo de reagir aos acontecimentos externos e internos, independentemente da vontade e da razão. Nas organizações, a afetividade é valorizada, pois indica a capacidade que o indivíduo tem de estabelecer laços saudáveis com as pessoas que estão à sua volta.

Escrita / Em curvas, inclinada, com laços, em guirlanda, ovais abertas para cima e para a direita, linhas sinuosas, traços arredondados.

- **Altruísmo**

Oposto ao egoísmo, é um comportamento de espontaneidade e desprendimento, em que o indivíduo pensa no benefício dos demais antes de pensar em si mesmo. Pode-se dizer que é uma solidariedade consciente, o que no ambiente organizacional favorece as relações interpessoais e contribui para o espírito de equipe.

Escrita / Limpa, progressiva, inclinada, rápida, firme e rítmica. Em relevo e nutrida, com predomínio das curvas, sem desigualdades e traços abertos.

- **Ambição**

Metas e objetivos a serem alcançados. Expectativas que o indivíduo tem para com o futuro. Desejo de poder, glória, sucesso, riquezas. A ambição, assim como outras competências, é um traço de personalidade que pode ser visto como positivo ou negativo, dependendo da intensidade com que ocorre. Assim como o que diferencia o remédio do veneno é a dose.

Escrita / Grande, firme, angulosa, rápida, inclinada, ligada e ascendente. Arpões, ganchos, barras do **T** ascendentes, margem esquerda alargando e direita ausente. Pernas longas.

- **ARGUMENTAÇÃO (CAPACIDADE DE)**

Capacidade de discutir, raciocinar, inferir, alegar e ensinar, visando conclusões. Esta característica é importante para o exercício de muitas funções, porém é vital para cargos que exigem habilidade de negociação, como área de vendas.

Escrita / Arredondada, direção sinuosa e pressão média. Traços em curvas, com laços, bucles e pequenas desigualdades.

- **ASSERTIVIDADE**

Capacidade do indivíduo em reconhecer e expressar seus sentimentos e emoções. Habilidade para expressar seus pontos de vista sobre assuntos, ideias, ideais, e conceitos de forma direta, com integridade, honestidade e respeito aos outros. Atributo útil no ambiente organizacional, onde o indivíduo deve estar presente e por inteiro, e incentivar que as demais pessoas à sua volta também ajam de forma semelhante. Viver e usufruir seus direitos.

Escrita / Equilibrada, proporcional, em guirlanda, bem estruturada, margens regulares, pressão regular, limpa e ovais bem formadas. Assinatura igual ao texto, legível e em relevo.

- **Assimilação**

Capacidade para incorporar conteúdos e situações novas e de utilizá-las em situações análogas ou que contenham elementos comuns com situações passadas.

Escrita / Agrupada, aberta, com predomínio das curvas, bom espaçamento entre palavras e linhas, bom enquadramento no papel, espontânea e progressiva.

- **Assumir riscos calculados (capacidade para)**

Coragem e autoconfiança para envolver-se em novos projetos com base em instrumentos de averiguação; certeza nas próprias possibilidades e afinidade com ambientes de mudanças.

Escrita / Aumento brusco da pressão, movimentos que avançam com impulso e amplitude, escrita com vitalidade, traços firmes, barras do T altas e firmes, linhas ascendentes ou retas, letras largas, inclinação à direita, velocidade rápida e dimensão grande.

- **ATENÇÃO**

Capacidade para identificar estímulos diferentes em uma mesma situação. Função primordial da receptividade, a atenção é a operação mental consciente e espontânea que nos permite concentrar sobre um único objeto, fato ou operação.

Escrita / Barras do **T**, pingos do **I**, pontuação e acentuação colocados de forma precisa e cuidada, traços bem-acabados, ritmo pausado.

- **AUTOCONFIANÇA**

Crença em suas próprias ideias e habilidade em ser bem-sucedido; assumir posição independente diante da oposição. Mostrar-se resoluto e encarar as tarefas desafiadoras com atitude otimista.

Escrita / Maiúsculas altas e simplificadas, rápida, grande, zona média grande, pressão firme, vertical. Assinatura sublinhada.

- **AUTOCONTROLE**

Capacidade de manter e controlar comportamentos estabelecidos para si. Controle da vontade, freio nos desejos e impulsos. Atividade motriz pequena, mas contínua. Seriedade, disciplina, forte tensão psíquica, ordem, escrúpulos, regularidade. Constância, estabilidade e ritmo igual.

Escrita / Pequena, retilínea, firme, regular, proporcional, invertida, pressão forte, predomínio da forma. Ritmo constante, modelo caligráfico, velocidade lenta. Pingos do **I** e barras do **T** exatos.

- **AUTOCRÍTICA**

Faculdade de julgar a si próprio, de autoavaliar-se, percebendo seus acertos e erros. É o reconhecimento de algum aspecto de sua atuação que está em desacordo com as regras ou com a própria realidade.

Escrita / Aberta, em guirlanda, espaçada, sinuosa, redonda ou arredondada.

- **AUTODESENVOLVIMENTO**

Esforço e interesse no aprimoramento pessoal e profissional no sentido de buscar novos conhecimentos, capazes de elevar o nível de atuação e criar oportunidades para progredir na vida de modo geral. Essa característica é valorizada e reconhecida pelo mercado de trabalho, pois diz respeito ao grau de iniciativa com que o indivíduo investe em seu próprio desenvolvimento, seu empenho para gerenciar a própria carreira e sua busca constante pelo aperfeiçoamento.

Escrita / Aberta, em guirlanda, espaçada, sinuosa ou ascendente, redonda ou arredondada, com desigualdades, finais prolongados, hastes altas.

- **AUTOESTIMA (POSITIVA)**

Ter por si mesmo afeição, afeto, consideração e apreço. Diz respeito à autovalorização e ao reconhecimento pelos seus gestos, trabalhos e esforços. Elevar o orgulho, o sentimento de realização e a dignidade do ser humano é fundamental para motivar as pessoas.

Escrita / Com ordem, proporção, clareza, simplificação e equilíbrio. Dimensão média, firme, vertical, desligada, ascendente ou retilínea, ligações em guirlandas. Laços, espirais e assinatura legível.

- **Bom humor**

Temperamento agradável, que tolera bem as adversidades. A pessoa bem-humorada normalmente se relaciona de forma mais saudável e harmônica com os demais. Esse traço de personalidade é bem-vindo em todos os lugares, uma vez que relações saudáveis e harmônicas pressupõem ambientes mais felizes e consequentemente mais favoráveis à produtividade.

Escrita / Grande, em guirlanda, traços finais ascendentes, barras do **T** onduladas, pingos do **I** curvos, inclinada, aberta.

- **Bom senso**

Habilidades para distinguir entre coisas diferentes; separar o absurdo da evidência lógica; pensamento ponderado e reflexivo, em que o indivíduo é capaz de julgamentos cautelosos e equilibrados.

Escrita / Ligada, extensa, com bom espaçamento entre palavras e linhas, firme, proporcional, pausada, inclinação moderada, direção retilínea.

- **CALMA**

Conduta tranquila e ponderada, onde o indivíduo consegue agir e tomar decisões com serenidade e constância. Reflexão nas manifestações da personalidade. Aliado ao bom-senso, a calma é um traço de personalidade que favorece o indivíduo principalmente nas tomadas de decisão.

Escrita / Igual, clara, ordenada, arredondada ou redonda, com traços convencionais, pontuações e acentuações precisas, pausada, regular.

- **CAPRICHO**

Cuidado e esmero com que se realiza uma tarefa ou maneja algum objeto. Essa babilidade em geral está mais presente em indivíduos que, entre o resultado estético de suas tarefas ou o tempo gasto na atividade, optam pelo primeiro item, o que, naturalmente demanda mais tempo na confecção. Daí dizer que são "profissionais com o foco na tarefa".

Escrita / Organizada, cuidada, limpa, clara, regular, com pontuações exatas, pingos do **I** e barras do **T** bem colocados, acentuação cuidada, bom espaçamento entre palavras e linhas, boa distribuição do texto no papel, sem desigualdades. Direção retilínea, margens cuidadas, palavras bem acabadas e velocidade pausada.

- **COMBATIVIDADE**

Impulso para a ação e iniciativa. Capacidade de enfrentar os obstáculos, lutar por seus ideais e defender suas opiniões e pontos de vista. Da mesma forma que a ambição, esta é uma característica que, para ser positiva, deve estar em grau moderado na personalidade do sujeito.

Escrita / Rápida, ascendente, impulsionada, firme, acerada, com pontos e barras do **T** adiantadas e ascendentes. Angulosa, com ligação em ângulos e hastes altas.

- **COMPROMETIMENTO**

Característica pela qual a pessoa se vê envolvida num projeto ou numa ação e se empenha para atingir os melhores resultados com eficiência e eficácia.

Escrita / Organizada, cuidada, limpa, clara, regular, com pontuações exatas, pingos do **I** e barras do **T** bem colocados, acentuação cuidada, bom espaçamento entre palavras e linhas, boa distribuição do texto no papel, sem desigualdades. Direção retilínea, margens cuidadas, palavras bem acabadas e velocidade pausada.

- **COMUNICAÇÃO**

Capacidade de ouvir, processar e compreender o contexto da mensagem, expressar-se de diversas formas; argumentar com coerência usando o *feedback* de forma adequada, para facilitar a interação entre as partes.

Escrita / Ovais abertas, grande, alargada, pausada, inclinada, ligada ou agrupada. Ligações em guirlandas e assinatura legível.

- **CONCENTRAÇÃO**

Capacidade de direcionar a atenção para um objeto e manter-se atento àquele estímulo até o final da atividade, sem se distrair ou perder o foco. Característica muito valorizada em profissionais que precisam passar longo período de tempo numa mesma tarefa, como é o caso, por exemplo, de profissionais que atuam em informática, em contagem de estoque e etc. Esses profissionais também precisam "ter o foco na tarefa".

Escrita / Ligada, organizada, concentrada, clara, com pontuações e acentuação exatas, pingos do **I** e barras do **T** bem colocados, espaçamento regular entre palavras e linhas, boa distribuição do texto no papel, sem desigualdades. Velocidade pausada.

- **CONTROLE EMOCIONAL (CONSTÂNCIA DE HUMOR)**

Capacidade de manter-se emocionalmente em condições de administrar situações de conflito, pressão e oposição. Manter a harmonia, não se abalar e controlar a agitação.

Escrita / Organizada, cuidada, firme, clara, com pontuações exatas, pingos do **I** e barras do **T** bem colocados, acentuação ordenada, bom espaçamento entre palavras e linhas, boa distribuição do texto no papel, sem desigualdades. Direção retilínea, homogênea e progressiva.

- **COOPERAÇÃO / ESPÍRITO DE EQUIPE**

Capacidade de manter-se acessível e disponível à equipe, demonstrando interesse em somar esforços com os demais, com postura participativa e colaboradora, num clima de interdependência e confiança mútuas, tendo em vista os objetivos grupais.

Escrita / Guirlanda, em curvas, extensa, com desigualdades, arredondada, ovais abertas. Clara e areada, levemente inclinada à direita, margem direita pequena ou ausente, transforma a letra **A** em **E**. Sinuosa e espaçada.

- **CRIATIVIDADE**

É o processo pelo qual as ideias são geradas, desenvolvidas e transformadas em valor. Habilidade para descobrir maneiras novas e efetivas de lidar com o mundo, resolver problemas e ampliar o círculo de influências.

Escrita / Espontânea, original e autêntica, que se afasta do padrão caligráfico. Traços combinados e ligações originais, com exageros, curvas e desigualdades no ambiente gráfico.

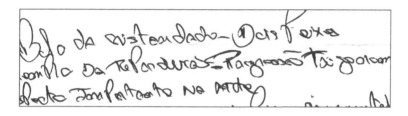

- **CULTURA**

Conjunto de informações que asseguram ao indivíduo o bom fundamento de um argumento, a riqueza de um pensamento, o sentido estético e a oportunidade de uma lembrança.

Escrita / Simplificada, em relevo, limpa, rápida, quase sempre com predomínio das curvas, com desigualdades. Maiúsculas simples e harmônicas, com tendência à forma tipográfica.

- **Curiosidade**

Desejo de saber, de ver, de instruir-se, de conhecer. Quando cometido com indiscrição torna-se negativo. Próprio dos indivíduos que têm o foco em ideias, a curiosidade aparece como um distintivo capaz de levar a pessoa a se interessar por novidades, por novas pessoas e por novos ambientes, apresentando maior adaptação à mudança.

Escrita / Letra **E** minúscula com traço longo na horizontal final, letra **G** menor que as demais, as letras dentro das palavras diminuem de tamanho, as letras ovais são enroladas.

- **Delegação**

Aptidão para transferir poderes para que outros ajam em seu nome, com atenção necessária para passar as informações com precisão. O ato de delegar pressupõe ao indivíduo confiança nas pessoas à sua volta, é um atributo importante para aqueles que exercem papeis de liderança.

Escrita / simplificada, em relevo, limpa, clara, rápida, inclinada, com ovais abertas.

- **Detalhismo**

Característica que leva a pessoa a valorizar minúcias e particularidades, exigindo tempo ao investigar informações que vão enriquecer de dados sua tarefa. Assim como no caso do capricho, esse profissional gasta mais tempo na tarefa, o que torna seu ritmo mais lento.

Escrita / Pequena, margem cuidada e ampla, pingos do **I** e do **J** bem colocados e firmes. Os traços estão de acordo com o modelo escolar.

- **Desenvolvimento de equipe**

Habilidade para avaliar e desenvolver o potencial de colaboradores, criando oportunidades de crescimento e mantendo-os sempre informados sobre as decisões da empresa. Necessária aos cargos de liderança, essa habilidade revela segurança e autoconfiança.

Escrita / Simplificada, em relevo, limpa, clara, rápida, inclinada, com ovais abertas.

- **DETERMINAÇÃO (FIRMEZA, DECISÃO)**

Capacidade de agir com prontidão, deliberação e firmeza diante das situações. Habilidade para tomar decisões difíceis de forma oportuna. Um indivíduo determinado sabe aonde quer chegar e os caminhos que tem de percorrer para alcançar suas metas, porém é capaz de fazê-lo sem pressa. Em geral são profissionais com "foco em resultados".

Escrita / Firme, vertical ou inclinada, com pressão, ligada, retilínea, angulosa.

- **DINAMISMO**

Capacidade para empregar energia em realizações produtivas de forma ativa e ágil. Competência muito valorizada em qualquer papel organizacional, pois permite ao sujeito desenvolver várias atividades no mesmo período.

Escrita / Desproporções. Dimensão grande e sobressaltada, forma simplificada, profunda, rápida, inclinada, ascendente, ligada e filiforme. Golpes de sabre e látego, com assinatura ascendente.

- **EFICÁCIA**

Capacidade de executar seu trabalho com qualidade e eficiência, para que possa produzir o efeito desejado.

Escrita / Os movimentos finais e dos traços livres dirigidos para cima e para direita. Modelo de grafia destrógira e harmônica. Angulosa, combinada, pausada ou rápida, palavras bem acabadas, pontuações e acentuações precisas, pressão firme, com ganchos.

- **EMOTIVIDADE**

Facilidade para se sensibilizar ou mobilizar-se pelos acontecimentos externos. Esse traço de personalidade requer atenção, pois, em grau moderado, a emotividade dá ao indivíduo capacidade de ação diante de estímulos externos, mas, em grau acentuado, pode levá-lo a sobressaltos que perturbam o estado de ânimo geral, denotando variações de energia no decorrer da atividade.

Escrita / Irregular, sinuosa, inclinada, rápida, com desigualdade.

- **EMPATIA**

Compreensão de sensações, emoções e comportamentos relativos a outra pessoa, numa tentativa de aceitar um conteúdo psíquico diferente da própria vida interior. Tendência para colocar-se no lugar do outro.

Escrita / Ligada, aberta, clara, inclinada, arredondada, ascendente, progressiva e espontânea.

- **EMPREENDEDORISMO**

Atuação no sentido de assumir metas desafiadoras, buscando novas oportunidades, demonstrando criatividade, e transformando ações em resultados. Em geral, são pessoas com alta capacidade visionária, sem medo de arriscar; é a contínua reinvenção das próprias responsabilidades. Competência fundamental para o atual mercado de trabalho, pois são os empreendedores que, com vontade persistente, iniciam mudanças e trazem inovação para a organização, sendo capazes de atuar apenas sob o impulso de seu próprio pensamento e ritmo. É o sujeito que assume riscos e faz as coisas acontecerem.

Escrita / Ligada, rápida, ascendente, margem direita alargando, barras do **T** ascendentes e firmes, escrita firme, inclinada, arredondada ou angulosa.

- **ENERGIA**

É o grau de força e disposição que o indivíduo revela em sua maneira de sentir, pensar e querer. É o dinamismo da sensibilidade, das ideias e da ação que possibilitam realizar um trabalho com entusiasmo suficiente para levá-lo até o fim. A energia é a mola mestra da vontade, que a coloca em movimento.

Escrita / Com pressão e dinamismo. Firme, rápida, regular e ritmada. Zona inferior grande, ligações em ângulos, simplificada.

- **ENTUSIASMO**

Conjunção de ânimo e energia que levam o indivíduo à realização de suas metas, sem necessitar de estímulos externos. Orientado para a ação, o entusiasmado tem uma veia jovial e apaixonada, capaz de contagiar o grupo com seu otimismo, apresentando uma imagem positiva da organização.

Escrita / Velocidade rápida, ascendente, pressão forte, inclinada, margem direita estreita, tamanho grande. Barras do **T** compridas, altas e á direita das hastes.

- **Espírito crítico**

Capacidade de imparcialidade no julgamento dos fatos. Análise prévia dos eventos antes de qualquer estimativa; discernimento e clareza de pensamento. Essa competência é bem-vinda em profissionais de qualquer área, porém quando muito acentuada, pode passar da ánalise prévia construtiva à censura, ao demérito ou ao desprestígio do outro.

Escrita / Ordenada, pequena, espaçada, pausada, vertical, retilínea, angulosa, sóbria.

- **Espontaneidade**

Impulso natural para demonstrar sentimentos. Livre de amarras e defesas, o indivíduo comunica com facilidade suas emoções e opniões. Essa habilidade pressupõe flexibilidade e permite ao sujeito jogo de cintura para adaptar-se com facilidade aos diferentes ambientes.

Escrita / Grande, inclinada, rápida, aberta, sinuosa, com desigualdades.

- **EXPANSIVIDADE**

Difusão espontânea e comunicativa de entusiasmo e alegria. O indivíduo é sociável e busca fazer contatos. Tem humor alegre e necessidade de demonstrar suas emoções.

Escrita / Inclinada, rápida, grande, aberta, com desigualdades, concentrada, extensa, sinuosa.

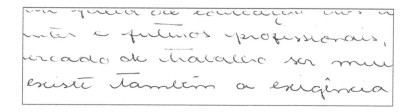

- **EXTROVERSÃO**

O indivíduo, em função de seu impulso vital, volta seus interesses para o mundo exterior e busca um horizonte onde possa expandir seus desejos. A extroversão tende a levar o sujeito a buscar o contato e o convívio com pessoas. Em geral, estabelece laços com facilidade e gosta de trabalhar em equipe, mostrando-se prestativo e cooperativo com o grupo

Escrita / Grande, aberta, em relevo, rápida, inclinada, ascendente, ligada, margem esquerda grande. Pingos do I e barras do T à direita e assinatura grande.

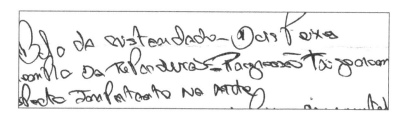

- **FLEXIBILIDADE**

Habilidade para adaptar-se às diferentes exigências do meio e capacidade de rever a própria postura diante de argumentações convincentes.

Escrita / Sinuosa, desigual, leve, pausada, clara, ordenada, ligações em guirlanda, dimensão média, simplificada ou redonda, inclinação irregular, margens regulares.

- **FOCO NA MUDANÇA**

Capacidade de criar e inovar, encarando limitações como desafios. Gosto por correr riscos, buscar novas maneiras de fazer as coisas e ter preferência por ambientes flexíveis e que encorajem a autonomia. Em geral, esses profissionais são curiosos, versáteis e inovadores; se interessam por novos projetos e se adaptam bem às novas situações. Por outro lado, evitam rotina e tendem a agir por iniciativa própria.

Escrita / Inclinada, rápida, ligada, sinuosa, grande, ornada, ascendente, combinada, arredondada, crescente, com guirlandas angulosas e desigualdades.

- **Foco na tarefa**

Organizado e conservador, o indivíduo tem as coisas certas nos lugares certos. Concentra-se em detalhes e honra os compromissos, trabalhando bem dentro da estrutura organizacional.

Escrita / Pequena ou média, vertical, lenta, ligada, regular, retilínea, uniforme, com pingos do **I** e barras do **T** precisos, pontuação exata, caligráfica.

- **Foco em ideias**

O indivíduo tem forte capacidade conceitual e visão de longo prazo. Curioso e introspectivo, trabalha de forma independente e decidida, confiando em suas visões sobre as possibilidades.

Escrita / Espaçada, superficial, desligada ou agrupada, sinuosa, desigual, acerada, simplificada, rápida, sacudida, pequena, imprecisa, margens irregulares.

- **Foco em objetivos**

Direto e objetivo, o indivíduo tem capacidade para criar estratégias e planos inovadores, agindo de forma determinada, lógica e organizada. Pode assumir o comando rapidamente.

Escrita / Retilínea ou ascendente, regular, inclinada, pausada, média, em relevo, arredondada.

- **Foco nas pessoas**

Prestativo e diplomático, esse indivíduo gosta de organizar pessoas e situações, dando valor às interações. Valoriza a segurança e estabilidade, respeitando regras e autoridades.

Escrita / Redonda ou arredondada, grande, dilatada, extensa, inclinada, em relevo. Guirlandas amplas e progressivas. Texto concentrado.

- **Foco em processos**

Habilidade para trabalhar bem dentro das estruturas organizacionais, realizando tarefas no prazo. Capacidade de atenção e concentração que permitem monitorar as atividades e perceber falhas antecipadamente, atuando de forma analítica e crítica.

Escrita / Organizada, cuidada, com pingos do I e pontuação exatos, bem acabada, de velocidade moderada. Estilizada, pequena, ligeiramente pastosa e artificial. Bom espaçamento do texto.

- **Foco em resultados**

Habilidade para concentrar-se no resultado desejado de seu trabalho; estabelecer objetivos desafiadores, concentrar os esforços nos objetivos e atingi-los ou superá-los. Profissionais que têm essa competência tendem a ser firmes e determinados. Decididos e pragmáticos, buscam pelo caminho mais eficiente para alcançar suas metas, mas podem ser, por vezes, inflexíveis.

Escrita / Inclinada, rápida, simplificada, extensa, angulosa, firme, ascendente, harmonia nos espaços e no texto, combinada.

- **GENEROSIDADE**

Capacidade de atender às necessidades do outro, ter sentimentos bons.

Escrita / Grande e larga, em curvas, margens alargando, ausência de ângulos e ganchos, finais alongados, espaçada, em guirlandas, ornamentos.

- **IDEALISMO**

Forma de pensar que considera as coisas não como são na realidade, mas como deveriam ser, ou como gostaria que fossem. Visionário, fantasiador.

Escrita / Hastes altas, dimensão grande, irregular, finais ascendentes.

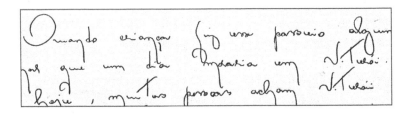

- **INDEPENDÊNCIA**

Atitude comum em adulto que pretende não se sentir subordinado ou dependente. Indivíduo que gosta da liberdade, confia em suas visões e prefere agir por conta própria.

Escrita / Espaçada, soerguida, firme, ascendente, hastes altas, vertical, simplificada, pernas fortes e angulosas. Desligada e hastes no **P**.

- **INICIATIVA**

Ação independente na execução dos trabalhos. Apresentação de sugestões para melhoria do trabalho e iniciativa para comunicar a terceiros situações ou problemas fora de sua alçada.

Escrita / Firme, simplificada, angulosa, rápida, inclinada, ascendente, ligada ou combinada. Margens alargando, pontos adiantados e finais acerados, ganchos e arpões. Assinatura simples.

- **INTELIGÊNCIA**

Facilidade ou capacidade de aprender, compreender o adaptar-se facilmente, destreza mental, perspicácia, percepção clara e fácil. Entretanto não se pode quantificar a inteligência, pois segundo o psicólogo *Howard Gardner*, que desenvolveu a teoria das *"Inteligências Múltiplas"*, as pessoas tendem a ter um tipo superior ao outro (lógico-matemática, linguística, espacial, intrapessoal, naturalista, existencial).

Escrita / Combinada, com ligações originais, rápida.

- **INTROVERSÃO**

Ação de se voltar para dentro, ou seja, buscando a motivação em si mesmo. A atitude vital do introvertido é regida por suas vivências internas, e por isso o introvertido, nos ambientes de trabalho, prefere o silêncio, gosta de pensar antes de agir e desenvolve ideias através da reflexão. Indicado para ocupações em projetos que exigem um longo período de dedicação.

Escrita / Pequena, espaçada, fina e simplificada, pausada, invertida, desligada. Margem esquerda ausente e assinatura pequena.

- INTUIÇÃO

Sensibilidade, *feeling* e pressentimento que auxiliam o indivíduo a prever possibilidades futuras e antecipar soluções. Percepção, inovação, visões internas.

Escrita / Desligada, hastes altas, pernas longas, pressão leve, laços e arcos, espaçada, desigual.

- JULGAMENTO (JUSTIÇA)

Capacidade de discernir, criticar e analisar logicamente os fatos da realidade, com ponderação e perspicácia, utilizando-se de pragmatismo para minimizar erros, correr riscos calculados e tomar decisões mais efetivas.

Escrita / Vertical, firme, limpa, ordenada, clara, progressiva, retilínea, equilibrada, regular.

- **LIDERANÇA**

Capacidade de influenciar e catalisar os esforços grupais, a fim de atingir ou superar os objetivos organizacionais, estabelecendo um clima motivador, formando parcerias e estimulando o desenvolvimento da equipe.

Escrita / Ascendente, crescente, firme e com pressão, organizada e limpa. Grande, angulosa e inclinada. Golpes de sabre e látego, barras do **T** altas e largas. Assinatura maior que o texto.

- **MATURIDADE**

Grau de conhecimento e vivência dos conteúdos internos e externos, que possibilitam uma maior elaboração de estímulos.

Escrita / Retilínea, clara, bem distribuída, organizada, rápida, conexões em ângulos, simplificada, originalidade na forma.

- **MEMÓRIA**

Capacidade para perceber, reter e evocar estímulos.

Escrita / Redonda e rápida, de curvas fáceis. Nutrida e em relevo. Pontuação precisa, organizada e ordenada.

- **MOTIVAÇÃO**

Capacidade de demonstrar interesse pelas atividades a serem executadas, tomando iniciativas e mantendo atitude de disponibilidade. Postura de aceitação e firmeza indicando energia para os trabalhos.

Escrita / Firme, rápida, inclinada e ascendente. Margem direita alargando e ligações em guirlanda. Barra do **T** à direita e pontos altos e adiantados. Assinatura maior que o texto.

- **NEGOCIAÇÃO**

Capacidade de expressar e ouvir o outro, buscando equilíbrio de soluções satisfatórias nas propostas apresentadas pelas partes.

Escrita / Laços, bucles, inclinada ou vertical, arredondada, espaçada, sinuosa, fina. Na assinatura, nome ligado ao sobrenome.

- **OBJETIVIDADE (PRATICIDADE)**

Capacidade de responder aos estímulos do meio de forma prática, direta e positiva, na busca pela simplicidade.

Escrita / Retilínea, vertical, harmônica, sóbria, ordenada, clara, proporcional, com pontuações precisas e texto bem distribuído nas margens. Pequena, rápida, simplificada.

- **OBSERVAÇÃO**

Capacidade de focar a atenção nos assuntos pertinentes ao momento e às questões presentes. Exame, verificação e minúcia.

Escrita / Caligráfica, cuidada, organizada, espaçamento regular entre palavras e linhas, pontuações e acentuações exatas, pequena ou média. Letra inicial maiúscula separada do resto da palavra.

- **ORGANIZAÇÃO**

Capacidade de trabalhar com método e ordem; distribuição adequada do tempo e das tarefas; saber situar-se no tempo (quando) e no espaço (onde), com relação às responsabilidades assumidas. Aquele que estabelece as bases, estrutura, ordena, que é metódico.

Escrita / Ordem organizada ou clara, média, firme, simplificada ou tipográfica, retilínea e agrupada. Margens regulares e assinatura rebaixada.

- ORGULHO

Sentimento de altivez, superioridade, presunção e intolerância sobre os demais.

Escrita / Letras maiúsculas grandes, hastes altas, letras cheias, invertida ou vertical, assinatura maior que o texto, soerguimentos, desproporções.

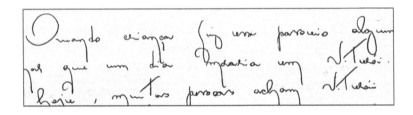

- OUSADIA

Irreverência. Atitude de atrevimento, audácia e imprudência. Ausência de timidez nas ações. A ousadia, assim como a criatividade, está associada à capacidade de quebrar paradigmas e fazer as coisas de modo inovador, diferente do usual.

Escrita / Rápida, extensa, lançada, firme, com pressão, barras do **T** fortes, com movimentos lançados para a direita.

- **PACIÊNCIA**

Reflexão e despreocupação na solução dos impasses. Calma e tranquilidade para saber esperar pelos frutos de uma ação. A paciência permite ao indivíduo elaborar sua tarefa com atenção, concentração e observação.

Escrita / Redonda, em curvas, igual, clara, ordenada, progressiva, convencional, lenta.

- **PERSEVERANÇA (TENACIDADE, FORÇA DE VONTADE, EMPENHO)**

Empenho e esforço para vencer as dificuldades e alcançar objetivos e propósitos.

Escrita / Ligada, com pernas grandes e firmes. Letra **T** com barra e traço vertical bem executados, com golpe de sabre ou látego. Formas simples, firmes e retilíneas. Traçado harmônico, progressivo e ligeiramente ascendente. Continuidade entre as ligações e poucas variações. Bom ritmo, margens regulares e constância nos espaços entre letras, linhas e palavras. Escrita grande, angulosa e constante. Ganchos e assinatura ascendente.

- **PERSUASÃO**

Habilidade para convencer os outros utilizando-se de argumentos fundamentados e lógicos.

Escrita / Redonda ou arredondada, com bucles e laços, sinuosa, com predomínio das curvas.

- **PLANEJAMENTO**

Capacidade de determinar em função dos objetivos, programas, definindo o que fazer, como fazer, e recursos necessários, prazos, controle e ações contingenciais. Importante para cargos de gestão e de tomada de decisão, essa competência está associada à capacidade de organizar e administrar projetos, monitorando passo a passo todas as etapas.

Escrita / Com espaçamento regular entre palavras e linhas e boa distribuição do texto no papel. Margens regulares.

- **PRODUTIVIDADE**

Capacidade de render mais, no menor tempo, com o menor número de recursos materiais, financeiros e humanos, preservando-se os padrões esperados pela empresa.

Escrita / Concentrada, barras do **T** centradas e curtas, ausência de margens.

- **PRUDÊNCIA**

Atitude ponderada, cautelosa e reflexiva, que o indivíduo adota antes da tomada de decisão. Competência importante para cargos de gestão e posições envolvidas em processos decisórios, uma vez que leva o indivíduo a ser previdente diante da possibilidade de ação.

Escrita / Bom espaçamento entre palavras e linhas. Escrita pequena, contida, regular, ordenada, barras do **T** curtas, ovais fechadas, margem esquerda regular.

- **RACIOCÍNIO ABSTRATO**

Capacidade para realizar operações combinatórias, assim como de raciocinar sobre enunciados e hipóteses. Essa habilidade incita o trabalho com números, teorias, conceitos e organização de ideias.

Escrita / Desligada, espaçada, desigualdades de inclinação, simplificada, rápida, sinuosa.

- **RACIOCÍNIO LÓGICO**

Capacidade para perceber coerentemente as relações do pensamento com os objetos. Encadeamento, associação e conexão de ideias, eventos, fatos e pensamentos. Indivíduos dotados de raciocínio lógico costumam tomar decisões com base em suas experiências e fatos passados, ao invés de se arriscar por caminhos desconhecidos

Escrita / Organizada, sóbria, limpa, combinada, seca, lenta, ligada. Assinatura ligada.

- **RAPIDEZ DE APRENDIZADO**

Processo ágil de assimilação e percepção, em que o indivíduo consegue interagir com o meio e responder com presteza aos estímulos que recebe.

Escrita / Agrupada, progressiva, aberta, espontânea, em curvas, bom espaçamento.

- **REFLEXÃO (PONDERAÇÃO)**

É o ato de pesar, medir, comparar e estabelecer valores e considerações sobre os estímulos que recebe do meio.

Escrita / Ordenada, limpa, clara, vertical, retilínea, sóbria, com pontuações precisas.

- **RELACIONAMENTO INTERPESSOAL**

Habilidade para interagir e conviver adequadamente com as demais pessoas, em todos os níveis da organização, através de relações cordiais, empáticas e profissionais.

Escrita / Bom espaçamento entre palavras e linhas, escrita limpa, vertical ou inclinada, arredondada, em guirlandas, sinuosa, margem esquerda regular, agrupada ou ligada, extensa, pausada.

- **RESERVA**

Discrição, prudência e cautela. Para se preservar o indivíduo prefere não expor uma opinião, ideia ou postura. Característica importante para profissionais que atuam em posições que lidam com informações confidenciais, como secretárias, área de RH, DP e financeira.

Escrita / Fechada, estreita, contida, sóbria, ovais fechadas, invertida.

- **RESISTÊNCIA À PRESSÃO**

Capacidade para selecionar alternativas de forma perspicaz e implementar soluções diante dos problemas identificados, considerando suas prováveis consequências. Habilidade de agir de forma eficaz quando se está sob pressão e manter o controle diante da hostilidade e da provocação.

Escrita / Com pressão, vertical, retilínea, angulosa, traços regulares.

- **RESISTÊNCIA À FRUSTRAÇÃO**

Capacidade para suportar e conviver com a privação da satisfação de uma necessidade ou desejo. Está diretamente relacionada com o grau de amadurecimento psicológico.

Escrita / Regular, retilínea ou ascendente, com pressão, firme, angulosa, vertical ou inclinada.

- **RESISTÊNCIA À ROTINA**

Capacidade de desempenhar tarefas semelhantes por período de tempo prolongado, sem prejuízo da qualidade do trabalho.

Escrita / Regular, retilínea, caligráfica, lenta ou pausada, redonda ou arredondada, pontuações precisas, margens regulares, ligada, monótona.

- **RESPONSABILIDADE**

Assimilação e introjeção do senso de dever, que permite a dedicação às atividades sem necessidade de controle e pressões externas.

Escrita / Bom espaçamento entre palavras e linhas, ordenada, progressiva, proporcional, firme, pontuações precisas.

- **SEGURANÇA**

Atitude complexa de autodomínio e confiança nos próprios recursos. O sujeito que age com segurança não se detém diante do medo do insucesso, pois lida bem com seus pontos fracos e vulneráveis, sendo capaz de aceitar suas falhas como parte do processo de desenvolvimento e aperfeiçoamento.

Escrita / Organizada ou clara, grande, filiforme, firme, rápida ou precipitada, inclinada, retilínea, ligação em ângulos. Golpes de sabre e assinatura robusta.

- **SENSIBILIDADE**

Capacidade do indivíduo para perceber as modificações do meio interno e externo e de reagir a elas de maneira adequada. As pessoas sensíveis são intuitivas e, em geral, tendem ao caráter caprichoso e sugestionável, podendo apresentar dificuldades em aceitar críticas.

Escrita / Limpa, com pequenas variações de tamanho, frouxa ou fina, redonda, lenta, inclinada, sinuosa, continuidade desligada ou desigual, em guirlandas. Pontos e acentuações altos e assinatura sobressaltada.

- **SENTIDO ESTÉTICO**

Habilidade para apreciar uma imagem e perceber quando ela é esteticamente resolvida. Capacidade de criar coisas com harmonia de conjunto.

Escrita / Escrita com harmonia de forma e ritmo, clara, plena, em relevo, com traços originais.

- **SÍNTESE (CAPACIDADE DE)**

Ao apresentar uma situação, o indivíduo parte do simples para o composto, dos elementos para o todo. É a habilidade para explicar os acontecimentos segundo uma análise do conjunto, generalizar, agrupar, concluir.

Escrita / Organizada, simplificada, clara, pequena, combinada, seca, pausada e ligada. Assinatura simples.

- **SOCIABILIDADE**

Capacidade de interação e adaptação a grupos diversos. Capacidade de entrar em contato e criar relações amistosas; fácil comunicação. Habilidades de influenciar e ser influenciado, relações de troca.

Escrita / À direita, em guirlandas, ligada ou hiperligada, com aberturas que denotam interação com mundo exterior, traços flexíveis, curvos e sinuosos.

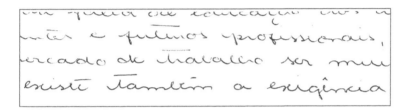

- **TOLERÂNCIA**

Atitude que concebe liberdade de iniciativa, de escolha e expressão à outra pessoa, por respeito à sua personalidade.

Escrita / Espaçada, clara, em guirlandas, pausada, redonda ou arredondada, vertical ou inclinada.

- **TOMADA DE DECISÃO**

Habilidade de diagnosticar as causas de um problema, obtendo insumos necessários para decidir no tempo certo, garantindo a comunicação e o acompanhamento da decisão tomada, sem consulta a superior.

Escrita / Firme, angulosa, pausada ou rápida, retilínea, vertical ou inclinada, clara, com pressão, organizada e limpa. Golpes de sabre e látego, barras do **T** altas e grandes, margem direita aumentando, crescente e ascendente. Assinatura maior que o texto.

- **VAIDADE**

Qualidade que faz o sujeito buscar a melhoria e o aperfeiçoamento de si mesmo. Autovalorização, elevada imagem de si mesmo.

Escrita / Grande, ornada, com detalhes, ascendente, com pressão, firme, arredondada.

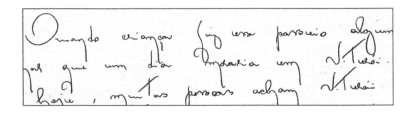

- **VIVACIDADE**

Sensibilidade e emoção que levam o indivíduo a reações imediatas. O caráter se mostra vivo e inteligente, mas pode desencadear impaciência e inconstância.

Escrita / Rápida, lançada, inclinada, arredondada ou angulosa, com pouca pressão, filiforme, margens irregulares, sinuosidades.

- **VISÃO ESTRATÉGICA**

Habilidade para analisar situações, lidando com múltiplas variáveis. Esta competência permite ao sujeito visualizar o horizonte para saber que caminho escolher. É a visão sistêmica de processos e resultados, onde o indivíduo apresenta maior capacidade de planejamento no longo prazo.

Escrita / Redação com tríplice largura, espaçamentos regulares entre palavras e linhas, mantendo a boa distribuição do texto no papel. Velocidade pausada, forma arredondada ou angulosa, vertical, margens regulares.

- **VISÃO TÁTICA**

Essa competência sinaliza a habilidade de atacar o foco. O sujeito é capaz de perceber o problema e buscar com rapidez soluções mais adequadas. Neste caso, o indivíduo apresenta maior capacidade de planejamento a curto e médio prazos.

Escrita / Margem inferior grande. Pouco espaçamento entre palavras e linhas, escrita concentrada.

Capítulo 5

COMPETÊNCIAS NEGATIVAS*

Abaixo estão relacionados traços de comportamento que podem prejudicar não só o desempenho do funcionário como danificar suas relações tanto profissionais como pessoais.

* * *

- **ANGÚSTIA (MELANCOLIA)**

Grande mal-estar que geralmente desencadeia desânimo, falta de energia e tendência ao pessimismo e abatimento.

Escrita / Linhas descendentes, finais para baixo, suja, estreita, com torções, pequena, espaçada, margem esquerda estreitando, barras do T à esquerda, pontos caídos, ovais esmagadas.

---

* **Nota do Editor** / A descrição da escrita de cada competência apresentada faz referências técnicas à tipologia dos grafismos que a caracterizam, como por exemplo: guirlandas, laços, curvas etc. O significado detalhado dessas características gráficas encontra-se no livro *A Personalidade através da Escrita,* da mesma autora.

- **ANSIEDADE**

Estado emocional gerado pela possibilidade de perigo ou ameaça à segurança do indivíduo, geralmente acompanhado de alterações físicas.

Escrita / Texto com chaminés, letras "adossatas", velocidade precipitada, descendente, com desigualdades de inclinação e continuidade.

- **AUTORITARISMO (DOMINAÇÃO)**

Imposição aos demais dos próprios valores, pontos de vista e opiniões.

Escrita / Firme, retilínea, angulosa, rígida, regular ou com barras do **T** firmes, triangulares ou sobrealçadas.

- **CIÚME**

Estado emocional, gerado pela falta de confiança em si mesmo, que leva o indivíduo a sentir receio de que a pessoa amada prefira outrem.

Escrita / Concentrada, estreita, com traços regressivos, hiperligada, anelada, letra **S** ligada à letra seguinte.

- **DEFENSIVIDADE**

Tendência do indivíduo a se proteger ou se resguardar de outras pessoas, situações e eventos. Esta atitude pode levá-lo a uma postura de resistência, recuo e renúncia, com pouca iniciativa e combatividade.

Escrita / Invertida, apertada, concentrada, angulosa.

- **DESCONFIANÇA**

Indivíduo que age constantemente com receio e suspeição de ser enganado. Essa característica, em geral, leva o sujeito a atitudes de dúvida e, muitas vezes, de retirada, o que pode dificultar a formação de laços saudáveis no ambiente organizacional.

Escrita / Pequena, com letras tipográficas, torção nas hastes, barras ou pernas da letra, margem direita com final filiforme, invertida, com pouco espaço entre as palavras e linhas.

- **DEPRESSÃO**

Abatimento físico ou moral. (Como evento psiquiátrico, porém, é algo bastante diferente, pois se trata de uma doença como outra qualquer que exige acompanhamento médico.)

Escrita / O pingo do **I** com muita tinta, traços grossos e borrados, letra **D** com queda da haste, assinatura descendente, letra tremida e falhada. Linhas descendentes.

- **DISSIMULAÇÃO**

O indivíduo não diz o que pensa ou não é claro na comunicação, tendendo a disfarçar seus sentimentos, opiniões e intenções, por receios, insegurança, orgulho, egoísmo etc.

Escrita / Sinuosa, vertical, em arcos, ovais com dupla volta, com traços regressivos e desligamentos na zona média.

- **DISTRAÇÃO**

Pouca atenção, baixa concentração e tendência à dispersão, fazendo com que o sujeito encontre dificuldades em finalizar o que começa.

Escrita / Com pouca ordem, descendente, frouxa, descuidada na pontuação, em baixo relevo.

- **EGOÍSMO**

Tendência a ocupar seus pensamentos mais consigo mesmo do que com os demais. O indivíduo subordina o interesse dos demais aos seus, e normalmente, se coloca em primeiro plano. Esse comportamento costuma levá-lo a atitudes de desconfiança.

Escrita / Pequena, angulosa, maiúsculas isoladas, ausência de margens, pernas pequenas, traços regressivos, arpões. Ausência de traços finais.

- **IMPULSIVIDADE**

Indivíduo que age com naturalidade, apresentando reação imediata às contrariedades. Forte emotividade, necessidade de mudanças, comportamento variável, indisciplina, exteriorização, mudanças bruscas, produtividade variável.

Escrita / Movimento gráfico dinâmico. Escrita aberta, inclinada, irregularidades e desigualdades, formas inacabadas, progressiva, confusa, precipitada, de pressão desigual.

- **INFLUENCIABILIDADE**

Insegurança nos recursos internos que leva o sujeito a deixar-se sugestionar pelas impressões externas. O indivíduo apresenta tolerância exacerbada, indecisão e inconstância, carecendo de energia para se posicionar ou se opor aos estímulos externos.

Escrita / Aberta, inclinada, redonda, descendente, frouxa, instável, sinuosa.

- **INQUIETAÇÃO**

Agitação e intranquilidade que podem levar o sujeito a um estado de ansiedade e insegurança com relação a suas próprias possibilidades. Esse traço de comportamento pode desencadear flutuações de energia, provocando alterações no resultado final de seus trabalhos.

Escrita / Sacudida, com desigualdades, retoques e ângulos.

- **INTRANSIGÊNCIA**

Rigidez e inflexibilidade que levam o indivíduo a sentir dificuldades em acatar novas opiniões.

Escrita / Retilínea, angulosa, firme, soerguida.

- **Inveja**

Sofrimento que leva um indivíduo a desejar algo de outra pessoa, seja um bem material ou uma situação social. Esse incômodo pode levar a um sentimento de menos-valia.

Escrita / Concentrada, estreita, descendente, soerguida, com traços regressivos.

- **Materialismo**

Supervalorização daquilo que é material; ter prazer pela posse do que é terreno; acúmulo de bens.

Escrita / Pernas longas, traços pastosos, zona média grande.

- MEDO

Receio, temor; sensação desagradável frente a uma ameaça, podendo ser fruto de uma situação real ou imaginária e que paralisa o indivíduo.

Escrita / Estreita, invertida, apertada, pequena, desligada, cuidada, ordenada, descendente, sinuosa, instável.

- NERVOSISMO

Excesso de sensibilidade que leva a pessoa a um estado de agitação e instabilidade, fazendo-a variar de interesses, objetivos e atividades.

Escrita / Rápida, sobressaltada, soerguida, filiforme, pequena, instável, com desigualdades.

- **OBSESSIVIDADE**

Acentuada preocupação com detalhes e minúcias. Persistência acentuada de ideias, afetos ou atos. Essa característica leva o sujeito a pesquisar de forma mais profunda os assuntos, porém demanda tempo demais nas tarefas, tornando o ritmo lento e, por vezes, apresentando dificuldades em cumprir os prazos estabelecidos.

Escrita / Estreita, muito concentrada, barras do **T** à esquerda, regressiva, lenta.

- **PASSIVIDADE (ACOMODAÇÃO)**

Falta de iniciativa, dinamismo e baixa motivação impedindo o indivíduo de agir ou se posicionar diante de fatos e circunstâncias.

Escrita / Frouxa, lenta, descendente, redonda, convencional e monótona, com indícios de insegurança.

- **POSSESSIVIDADE**

Desejo de dominar outra pessoa ou possuir algo que pertence a outro.

Escrita / Estreita, anelada, pernas curtas, finais à esquerda, muito inclinada.

- **RANCOR**

Mágoa prolongada ou desejo de vingança contra aquele que provocou o sofrimento.

Escrita / Traço inicial na zona inferior, traços regressivos, angulosa, profunda, inclinada, lançada.

- **RIGIDEZ**

Dureza, inflexibilidade, dificuldades em mudar de opinião. A rigidez deixa o indivíduo rigoroso e, muitas vezes, intransigente, com dificuldade para se adaptar e buscar fazer as coisas de modo diferente.

Escrita / Regular, rígida, angulosa, sóbria, ordenada, caligráfica, constante, lenta.

- **SENSUALIDADE**

Habilidade em usar de artifícios e atributos físicos para se obter o que se deseja. A pessoa sensual lança mão de subterfúgios visuais com intenção de captar a atenção dos demais e de buscar honras e destaque para algo que deseja.

Escrita / Pastosa, inflação nas zonas média e inferior, com guirlandas, laços, bucles e curvas.

- **SUBJETIVIDADE**

Tentativa de reduzir tudo ao sujeito, ao seu próprio ponto de vista e ao que se passa exclusivamente em seu interior. Tendência a formar juízos a partir de seus próprios valores.

Escrita / Traço inicial na zona média, final prolongado, traço do procurador.

- **SUBMISSÃO**

Tendência a aceitar fatos, ideias e opiniões sem conseguir se posicionar ou defender seus pontos de vista.

Escrita / Descendente, caligráfica, frouxa, redonda, margem superior ampla e barras do **T** baixas.

- **VINGANÇA**

Desejo de reparação, desforra e revanche que o indivíduo tem ao se sentir atingido.

Escrita / Angulosa, com arpões, traços regressivos, ganchos, unhas de gato.

Capítulo 6

MAPEANDO COMPETÊNCIAS

Como vimos ao longo do livro, podemos dizer que competência é o somatório de conhecimentos, habilidades e atitudes. Conhecimento é teoria; habilidade relaciona-se à vivência e ao domínio do conhecimento; atitude representa emoções, valores e sentimentos das pessoas, ou seja, o comportamento humano.

Mapear competências significa identificar, através de uma ferramenta de diagnóstico, as características positivas e negativas do profissional e alinhá-las às competências organizacionais críticas para a melhor *performance*.

Essa avaliação de potencial pode ainda sinalizar eventuais lacunas de competências entre o que o profissional é capaz de fazer e as habilidades que ele pode vir a desenvolver, seja através de cursos ou programas de treinamentos e desenvolvimento, para melhor alinhar os objetivos e metas da organização e da equipe.

Pela análise grafológica, faz-se um levantamento das competências, positivas e negativas do profissional. Portanto, o ambiente gráfico é capaz de sinalizar inúmeros traços de personalidade que, descritos no Mapeamento de Competências, podem ser utilizados para vários fins, como Seleção de Pessoal, Levantamento de Necessidades de Treinamento e Retenção de Talentos, Orientação Vocacional e Profissional, Transição de Carreira, Análise Individual para o autoconhecimento.

A seguir, o leitor encontrará duas redações de candidatos para processo seletivo de uma mesma empresa e respectivos laudos grafológicos.

Exemplo 1 / Recepcionista

Era um dia qualquer, o sol já estava pelo alvorecer do dia. Os pássaros cantaro~~lavam~~ belas canções. Tudo era perfeito, menos o olhar daquele garoto.

Com traje de quem vai a escola, e uma mochila nas costas, aquele menino encantava-se com uma enorme pedra em seu caminho.

Aquela pedra parecia atormentar o garoto, que paralizado a sua frente fi cará imóvel por alguns instântes. Porém o pobre menino num ato de extrema força retirou aquela pedra do caminho

O homem que estava perto ao ver a cena chamou aquele menino e perguntou-lhe: Por quê você retirou a pedra do l..? O menino prontamente respo

Laudo de avaliação do potencial

Comunica-se com objetividade e clareza de ideias. Prudente e cautelosa, tem bom autocontrole e procura se relacionar com reservas, sem mostrar suas emoções. Vaidosa e atenciosa, evita os confrontos e possíveis desgastes, procurando ser aceita nos grupos. Assume relações pessoais com seriedade e responsabilidade. Com traços de pouca maturidade emocional, pode sentir dificuldades em lidar com seus pontos fracos e vulneráveis.

Orientada para a tarefa, suas atividades são conduzidas com organização e planejamento, procurando monitorar para ver se a incumbência está sendo realizada como esperado. Cuidadosa com detalhes, mostra-se esforçada e dedicada às tarefas, realizando-as com capricho, nos prazos determinados.

Ambição e determinação para alcançar suas metas, porém opta por aquilo que lhe dá segurança e estabilidade. Não gosta de correr riscos e revela pouca criatividade, optando por fazer as coisas pelo método convencional.

Sua atenção se volta para o trabalho e para as tarefas a serem executadas. É responsável e se compromete com o andamento das coisas, podendo aceitar a responsabilidade de uma nova atividade, embora seu ritmo não seja rápido.

Prática e realista, mostra-se firme em seus posicionamentos. Segue regras e acata a autoridade, podendo denotar, por vezes, certa dificuldade em mudar de opinião. Nesse sentido, pode faltar-lhe jogo de cintura para se adaptar aos diferentes ambientes.

Se precisar tomar decisões, prefere utilizar seus conhecimentos prévios e experiências ao invés de criar novas possibilidades. Entretanto, pode, na sequência, se tornar minuciosa com detalhes e agir com pouca paciência com aqueles que não seguem os procedimentos exatos.

Com dúvidas e preocupações em relação ao futuro, gosta das coisas claras e prefere atuar em ambiente organizado e estruturado, que proporcione estabilidade e prognósticos, atuando com pessoas responsáveis.

Exemplo 2 / Contador

Rio de Janeiro, 02 de maio de 2008.

Para que serve um Escritório de cobrança.

A finalidade de um escritório de cobrança. Remonta desde início da Evolução da era Industrial, Houve a criação de uma instituição que efetuasse as cobranças, Em virtude de algumas empresas que não superaram a concorrência e vieram a quebrar. (Falir). Inicialmente surgiram os cobradores domiciliares e logo após os telefônicos; que com o avanço da tecnologia se transformaram em Atendente de Telemarketing. Ativo e receptivo, e que atuam atendendo a várias empresas em diversos segmentos da sociedade atual.

Laudo de avaliação do potencial

Boa cultura geral e utilização da criatividade na elaboração do conteúdo. Desenvolve com ordem suas ideias e tem bom domínio do idioma. Pensamento rápido e perspicácia possibilitam um rendimento satisfatório.

Mais racional que emocional, procura ter controle sobre suas ações e reações. De natureza extrovertida, gosta de atrair a atenção dos demais e se sentir valorizado. Em todo caso, mantém certa distância nas relações, não abrindo seus assuntos íntimos a terceiros.

Pouco tradicional e com boa capacidade de organizar ideias, as atividades tendem a ser executadas de maneira prática, revelando sinais de criatividade. Habilidades para realizar as atividades de forma confiante e independente, porém, prefere estar na posição de dar ordens ao invés de operacionalizar as tarefas.

Analítico e lógico, demonstra potencial para ser um bom solucionador de problemas, elaborando críticas objetivas, porém pode ser mais teórico que prático. Tem boa adaptação e jogo de cintura para lidar com imprevisto, mas se sente desprendido dos procedimentos padronizados e convencionais.

Sua habilidade para se planejar pode ficar comprometida na medida em que, se achar que o tempo que dispõe não será suficiente para realização do trabalho, tenderá a "enrolar" e fazer as coisas com pouco critério, para conseguir entregá-las no período acordado.

Crítico e assertivo, se exercer a liderança, o fará de maneira sistemática, interagindo no nível intelectual, e não emocional. Prefere lidar com tipos independentes, concentrando-se na solução de problemas. Nesse sentido, opta por trabalhar com pessoas competentes, concentradas na ação e nas situações imediatas.

Com foco em resultados, sente-se atraído por empreendimentos. Entretanto, para o seu desenvolvimento, pode ser necessário procurar estar mais aberto a críticas e dar maior valor às contribuições alheias.

Capítulo 7

CONSIDERAÇÕES FINAIS

As competências aqui descritas foram elencadas a partir de um trabalho de observação de mais de cinco anos atendendo aos nossos clientes, sempre com um olhar minucioso, para que pudéssemos nos certificar sobre quais competências as organizações valorizam ao buscar profissionais para suas equipes.

Certamente existem muitas outras que não estão citadas nesta obra. Ao fazer a pesquisa junto aos nossos clientes, nos deparamos com um número enorme de habilidades e competências, mas pretendemos dar maior ênfase às mais essenciais aos resultados organizacionais.

Tive o cuidado de ressaltar que os grafismos não pretendem, por si só, resumir a competência em si. Existem muitas outras escritas que certamente ilustrariam perfeitamente tal característica, e esta obra é apenas uma pesquisa de sugestão de tipos de escrita, e não o fechamento de uma ideia.

O leitor observador irá perceber que muitos grafismos se repetem, o que é proposital. Intencionalmente, tanto aparecem em aspectos positivos como em negativos, uma vez que acreditamos que todos os seres humanos possuem traços positivos e negativos em sua personalidade. Daí o leitor observar que uma mesma escrita pode contemplar o aspecto de concentração, atenção e, ao mesmo tempo, ilustrar o traço do ciúme. Ou, ainda, um mesmo grafismo pode aparecer tanto no aspecto de liderança como no aspecto de vaidade.

Também gosto de ressaltar que o grau de acentuação em que uma característica aparece num indivíduo pode dar um peso negativo ou positivo à mesma. Por exemplo, a vaidade, a princípio, é um traço positivo da personalidade, porém, se muito acentuada, pode se tornar negativa. Ou seja, o que vai diferenciar o remédio do veneno é a dose.

O trabalho da Dom Graphein prima pela precisão na avaliação de potencial, diagnosticando efetivamente traços positivos e negativos de cada indivíduo. Em nossa atividade de consultoria, trabalhamos sempre focados nos requisitos de cada cargo, não havendo, portanto, candidatos classificados ou desclassificados a partir da análise de sua letra. Haverá, sim, um candidato indicado para determinada vaga por possuir as competências necessárias ao pleno desempenho da função. Se esse candidato não reunir as habilidades para ser aproveitado em tal posição, certamente tais habilidades se adequarão ao perfil de uma outra vaga.

Nesse sentido, a análise grafológica em muito contribui para que as pessoas encontrem a ocupação em que possam melhor exercer suas habilidades. Ao prestar assessoria a seus clientes, o trabalho da Dom Graphein consiste principalmente em diferenciar profissionais com foco em pessoas, foco em processos, foco em ideias, foco na tarefa, foco na mudança e foco em resultados.

A Dom Graphein busca, por meio da análise grafológica, identificar no mercado os candidatos que possuem as *expertises* necessárias para cada função, alinhadas às competências corporativas. As potencialidades, quando corretamente identificadas, permitem ao profissional agir adequadamente no contexto organizacional, desenvolvendo ao máximo sua capacidade de produzir resultados, visando a otimização de processos de mudança, gestão de desempenho e consolidação de equipes.

Para contato conosco, críticas, opiniões e sugestões acesse
www.domgraphein.com
ou se comunique pelos telefones: (21) 2507.5317 ou 2224.9193.
Você será muito bem-vindo!

BIBLIOGRAFIA

- CAMARGO, Paulo Sérgio: *A Escrita Revela Sua Personalidade.* Rio de Janeiro: CEPA, 1997.
- CRÉPIEUX-JAMIM, J.: *Grafologia (A escrita e o caráter)* – 2º volume. Rio de Janeiro: Flores & Mano, 1936.
- CRIPE, Edward J.: *Profissionais Disputados: As 31 competências de quem agrega valor nas empresas* / Edward Cripe, Richard Mansfield, tradução de Elaine Pepe. – Rio de Janeiro: Campus, 2003.
- GILLE-MAISANI, Jean-Charles: *A Psicologia da Escrita.* São Paulo: Pensamento, 1999.
- GRAMIGNA, Maria Rita: *Modelo de Competências e Gestão de Talentos.* São Paulo: Makron Books, 2002.
- HILL, Bárbara: *Grafologia: A Análise da Escrita.* Rio de Janeiro. Ediouro, 1982.
- JUNG, Carl G.: *Tipos Psicológicos.* Petrópolis: Ed. Vozes, 1991.
- LOEVY, Odete Serpa: *Grafologia.* São Paulo: Sarvier, 1987.
- MINICUCCI, Agostinho: *Grafoanálise: A nova abordagem da grafologia. Teorias e Sistemas.* São Paulo: Atlas, 1991.
- PULVER, Max: *Simbolismo de la Escritura.* Madrid: Editorial Victoriano Suarez, 1953.
- SAVELLI, Alejandra Mónica: *Temperamentos: Grafologia Avanzada.* 1ª.ed – Buenos Aires: El Alba, 2004.
- SEGUÍ, Herbás: *Grafologia: Como conocer el carácter de los demás a través de su escritura.* Barcelona: Editorial Fama, 1954.
- TEILLARD, Ania: *El Alma y la Escritura* – Tratado de Grafologia basado em la psicologia analítica. Madrid: Paraninfo, 1974.
- VELS, Augusto: *Dicionário de Grafologia e Termos Psicológicos afins.* São Paulo: Casa do Psicólogo, 1997.
- VELS, Augusto: *Escrita e Personalidade – As bases científicas da grafologia* São Paulo: Pensamento,1991.
- XANDRÓ, Mauricio: *Grafologia para Todos.* São Paulo: Agora, 1997.
- XANDRÓ, Mauricio: *Grafologia Elementar.* São Paulo: Pensamento, 1996.

DOM GRAPHEIN
Consultoria de Recursos Humanos e Grafologia

No mercado desde 1998, a *Dom Graphein* é uma Consultoria de Recrutamento, Seleção e Avaliação de Pessoal, que oferece soluções para melhorar o desempenho de seus clientes através do capital humano.

Afinada com as tendências de mercado, a *Dom Graphein* destaca-se ainda como centro de Capacitação Profissional, oferecendo cursos e treinamentos voltados para a formação e desenvolvimento de equipes.

A *Dom Graphein* atende a empresas e profissionais utilizando a grafologia como ferramenta para o Diagnóstico Organizacional. Esse diagnóstico consiste no mapeamento do perfil de cada colaborador, visando encontrar, a partir da identificação de suas habilidades e competências, as melhores áreas para o profissional atuar com pleno desempenho da função.

A *Dom Graphein* dispõe de um instrumental técnico para Avaliação de Perfil e Mapeamento de Competências, Seleção de Pessoal, Levantamento de Necessidades de Treinamento e Retenção de Talentos, Orientação Vocacional e Profissional, Transição de Carreira e Análise Individual para o autoconhecimento.

Ganhadora do Prêmio de Qualidade WEC no anos de 2007, 2008 e 2009: *Selo de qualidade WEC*.

Ganhadora da *Certificação de Qualidade do Prêmio Quality Brasil 2008*: www.premioquality.com.br

Coordenação: Luciana Boschi

AGRADECIMENTOS

Em primeiro lugar, agradeço a Deus por me possibilitar encontrar tempo, inspiração e energia para me dedicar a mais este projeto de vida.

A minha mãe Maria Léa, com quem compartilho e comemoro todas as minhas vitórias e conquistas, pelos eternos e incansáveis ensinamentos e conselhos que me permitiram usufruir de sua enorme sabedoria, e que sempre será um exemplo de amor, firmeza e coragem diante das adversidades.

À minha filha Paola, por todo o tempo roubado de sua atenção e carinho, que são minha fonte de inspiração.

À todos os profissionais e empresas que se interessaram por conhecer este projeto, dispondo-se a participar e disponibilizando materiais para consulta e pesquisa.

À todos os meus alunos, com quem compartilho assuntos como grafologia, competências e os papéis nas organizações.

À toda a equipe *Dom Graphein*, que sempre me incentivou, acreditando nos projetos e se orgulhando de fazer parte da nossa história.

E, por fim, a todos os meus amigos, que sempre me incentivaram, acreditaram no meu potencial e honraram meu trabalho e a minha história, vindo a fazer parte dela.

Luciana Boschi

Publique seu livro

semente editorial

Edição e Publicação de Livros
que venham para contribuir para a alegria,
bem-estar e crescimento de todos os seres

www.sementeeditorial.com.br
contato@sementeeditorial.com.br
(21) 98207.8535

Esse livro foi composto em Garamond e
Futura, impresso em papel polem 80g
na gráfica Prol/SP